바람이 불어 밖으로 나가봐야겠어

지혜사랑 319

# 바람이 불어 밖으로 나가봐야겠어

전현자 시집

지혜

# 시인의 말

두 번째 돌을 내려놓는다.
작고
보잘것없는 돌 하나
오래 바라보았다.

아무 생각도 나지 않았다.

그런데 그 돌,
슬픔 속에 제자리를 찾기도 하고
기쁨으로 길을 내기도 했다.

다시,
싱싱한 바람이 분다.
밖으로 나가봐야겠다.

2025 가을
전현자

# 차례

## 1부

# 2부

# 3부

## 4부

1부

# 빌려 쓰는 목록

잠시 빌려 쓰고 있는 목록입니다
시간, 바람, 햇빛, 달, 별, 물, 나무, 풀……

사는 동안 일일이 셀 수는 없지만
이제부터 공책에 적어놓겠습니다

오늘 난 너무나도
한나절 펼쳐놓은 봄 햇살 속에
볼에 스치는 솔바람과
홀아비꽃대 꽃향기와

내가 막 느티나무 아래를 지날 때
"안녕하세요" 유치원 아이들이 건네는
인사도 받았습니다

내일 가도
그 자리에 있을
숲속 길

# 나의 노래

나의 시는
어쩌다 꺼내 입는
정장이기보다는
의자에 툭 걸쳐 놓았다
시장에 갈 때나 산책을 나갈 때
친구처럼 손잡고 걸었으면 좋겠다
당신이 일터에서 돌아와
목을 조르던 넥타이를 풀고
소파에서 스르르
곤한 잠에 빠져들 때
시린 어깨를 가만히 감싸 안는
바람도 빛도
거리낌 없이 드나들게
한 올 한 올 느슨히 짠 스웨터 같은
그런 시였으면 좋겠다

# 춘분

등허리가 가려운지
산과 들이 몸을 비비적댄다

온몸이 가시인 엄나무
하늘을 꿰어 올리고

빈 들녘 염소가
물끄러미 바라보는 바람 너머
여우 꼬리만큼 살짝 늘어난 낮이
조용히 들이미는 봄 발등에 엎혔다

호미는 쪽파 밭에 나와
기지개 켜고
마른 논 갈던 보습 날이
순간 반짝인다

밭두렁에 엉덩이 붙이고 앉은
늙은 바람,
열무김치 비빔국수가 생각난다며
입맛을 다시고 있다

# 오월

창문을 열었더니
싱그러움이 왈칵

초록 잎사귀들 바람을
확!
당긴다

뒷산 뻐꾸기 소리
쭈우욱 끌려갔다
스르르 풀려나오는

담을 넘다
들킨 듯 멈춰 선 장미

넘어가 봐야
딱히 갈 곳도 없다

하늘
너무 맑아 쓸쓸한

# 정선

갔었지
밀린 숙제하듯 다녀왔네

태백에서 임계를 거쳐 흘러오는 골지천과
발왕산에서 발원한 송천이 만난다는
아우라지도 보았지

강을 사이에 두고 처녀 총각
끝내 만나지 못했다는
그 애달픈 사연 아는지 모르는지
두 갈래 물은 한데 모여 잘도 흘러가데

그러게
어디 달나라 갔다 온 듯하네

장터에서 산 수리취떡,
그네 타며 먹은 것은 생각나네만
저 하늘나라에도 정선 5일장이
소문났나?

왁자지껄 국밥집에서
입을 닦으며 나오시던

우리 할아버지도
언뜻 본 것 같은데

에이!
눈 어두워지기 전에
한 번 더 보고 와야겠네

# 신두리

우리 둘이 갈 곳이 생겼어
바람 속을 달려가
태풍이 일어날 수도 있지

벌써부터 설렘이 꼬리를 치는군

억새들이 풍선 인형처럼 춤출 때,
그 사이를 비집고 다니는 바람은
분명 모래언덕을 넘어왔을 거야

그곳에 낙타는 없지만,
전갈, 사막 여우도 물론 없을 테지만,
사막의 바람이 전하는 말
들을 수 있을 거야

별이 다닥다닥 열리고
해당화 꽃향기 그윽한 밤

머리가 꼬불거리고
노란 목도리를 두른
가녀린 어린 왕자를
만날지도 모르지

\>

벌써 두근거려
오늘이 며칠이더라…

우리 둘이 억새 바람 만나러 갈까?

그 말을 하고부터 나는
내내 달떠있어

# 길 2

밖에 나갔다
하루를 까먹었는데
한 달이 후드득 뜯겨져나간다
폭우에 쓸려간 듯
사라진 내 살아온 날들
날마다 오늘이다
어제는 어디로 사라졌나
어제는 오늘과 닮았을까
그래서 눈치를 못 채는 걸까
어제가 오늘이고
내일도 내내 오늘이라면
오직 오늘뿐인
길에 서 있는
나는

# 길 4

숲길을 걷노라면 순해지지
경계가 사라지지
고약하게 먹었던 마음도
마디마다 결리고 쑤시던 삶도
언제 그랬냐는 듯
잊어버리고 멀쩡하니
참 신기하지
사정없이 흔들어 생가지 부러뜨린 바람을
가만히 껴안는 나무들 좀 봐
단풍나무 잎사귀에 어룽대는 햇살
억새들 사이를 비집는 바람 소리
걷는다는 생각도 없이
널 만나게 될 기쁨에
마냥 즐거운 골짝 물처럼
내가 흘러가고

# 쉰셋, 봄

내일 또 올 텐데
멀리 갈 거 뭐 있느냐
잿빛 구름 은근슬쩍 산등성이에 짐을 푼다
바람은 산길 오가며 남실대고
흰 구름 해진 옷자락 끌며 간다
나도 저 구름 따라 꽃구경이나 나서 볼까
지금쯤 남쪽에, 꽃 사태 났겠네
새초롬한 청매화, 산수유
섬진강 오백 리 물길 따라
남도 한 바퀴 휘~ 돌아볼까
강가엔 버들가지 물오르고
자운영 꽃 환하던 무논엔 물이 찰방거릴 테지
세상에 미련 없는 꽃잎들
강물에 하나 둘 떠가고
그렇게 돌고 돌다 꽃구경도 지치고
온몸이 뻐근할 즈음
지리산 어느 골
구름 간판 걸린 주막에 들려야지
남도 바람 넣고 지져냈을 지짐이에
매화꽃 향기 한 사발 들이켜면
캬!
순간 목을 타고

발끝까지 내려가는 질풍노도
세상은 돌고
나도 돌고
흰 구름 먼저 가 있으라 하고
나 잠시 돌아갈 길 짚어 보겠네
노도 없이 허위허위
허공을 저어 가는 마음 한 척
그대에게 가노니

# 아시는지

시금치, 당근, 양파, 버섯…
살아온 곳 서로 다른데
섞일 수 있을까, 우리

눈물 콧물 흘리며 살아왔는데
이제 성질도 죽이고
자존심 다 버려야 산다니—

눈 질끈 감고
불속으로 뛰어들어 보는 거야

잘렸다고 당근이 아닌가,
끓는 물에서 나와도
시금치는 시금치여

모양들이 알록달록해도
어머니 땅, 그 한 뱃속에서 자랐지

간장, 참기름, 설탕이 섞여 들어도
어울려 살아갈 줄 아는 우리

짭짤 고소한—

>
이 맛!
아시는지

# 작약꽃

봄날 아침
그대 만날 생각에
가지런히 머리를 빗고
루즈도 발랐습니다

창백하던 입술에 생기가 돌고
가슴에는 진분홍 꽃물결이 일었지요

언젠가 만리포에서 보았지요
갯바위 위로 솟구치던 새하얀 물꽃
피었는가 하면 어느새 지고
오래 보고 싶었는데

그때는 몰랐습니다
온몸을 바위에 부딪치고 부딪쳐
산산이 부서지는 그 찰나가 꽃이었습니다

그 긴 겨울
눈이 장독대를 뒤덮을 때도
오직 이 순간을 위해
숨죽이고 견뎌왔을 테지요

&gt;
날마다 봄이었으면……

아니,
이렇게 보았으니
되었습니다

# 깜박했다

내가 깜박했다
변덕을 부리지 않으면
삼월이 아니지

갑자기 영하 5도
부릅뜬 눈 매서워
으스스 턱 떨리는데

향교 담장 옆 화단에
줄지어 선 수선화들,
선생님 입만 쳐다보는 아이들처럼
초롱초롱한 눈망울이다

조붓한 길모퉁이
소나무 그늘 속 매화나무,
가녀린 꽃 몇 송이
문 열고 내다본다

괜한 걱정 했구나
겨울을 지나온 이들인데
내 그만 깜박했다

# 봄을 걷다

벼르고 벼른 산책,
바람은 약속 있다 가고
바위는 엉덩이 뗄 줄 모르고
느리던 달팽이도 쌩하니 떠난다

오늘은 마음이 더 정처 없다
잡으면 놓아야 하고
만나면 헤어져야 한다는 걸 알면서도
서운함이 눈덩이처럼 부푼다

진달래, 목련, 벚꽃도
손만 흔들고 스쳐 간다

텅 빈 벤치 위
누가 놓고 간 걸까
종이 컵 하나, 흔들리다 멈춘다

늘 그렇듯
혼자 터벅터벅 봄 속을 걷다 보니
문득,
이 호젓함이 별천지였네

# 구름을 벗다

뒤죽박죽한
내 머릿속을 열어봤어
오래전 내가 벗어둔 구름들이
그 안에 걸려 있었어

팔다리를 늘어뜨리고
풀 죽어 있었지

나는 다시 너희를
몸에 걸치지 않을 거야
뻔한 유행은 내다 버릴 거야

우리는 제법 잘 맞았지
뒤꿈치에 뼈가 드러나고
바닥이 닳아 반들거리도록
이리저리 잘도 쏘다녔어

나의 구름이여
미안하지만 이제 안녕

습관은 날 지치게 해
봄이 오고 있어

집을 다시 꾸며야겠어

동쪽, 물이 흐르는 곳으로
길을 낼 거야

길가엔 계절마다 피는 풀꽃들
부드러운 봄바람 소리에
새들도 날아오겠지

문은
항상 열어둘 거야

# 비가 오려는지

비가 오려는지
숲에서 멧비둘기 울고

내 깊은 골까지
한껏 내려온 하늘

달음박질하는
재 너머 바람

훅!
흙냄새
엄마 냄새

2부

# 좋으면 되었지

보령 성주산 자락
편백나무 숲에 왔지
귓가에 들려오는 숲속 바람의 노래
단추 몇 개 눌러 전하려다
손을 멈추었네
괜히 땀 흘리며 일하고 있는 사람
바람 넣을 거 뭐 있나 싶어서
이 다음에 함께 오세
대천 바닷가 나란히 걸으며
오고 간 수많은 발자국 속에
우리 발자국도 찍어 보고
편백나무 시원한 그늘 아래 누워
나뭇가지 사이로
깨끗이 쓸린 푸른 하늘도 올려다보고
이래저래 찌들어 시커메진 폐가
갑자기 향기로운 바람에 놀랄 테지만
그날만큼은 코를 벌렁거리며
푸른 들판에 뛰어노는 야생마가 되어 보세
대대로 이어진 남부여대 삶이 그렇듯
다 먹고살자고 하는 일
부질없고 의미 없으면 또 어떤가
좋으면 되었지

# 때時

길을 묻는다.
서광사 가려면 어디로 가야 하느냐고
몇 번 가 본 길인데
오늘은 이상하게 방향을 잃어버렸다며

인생 후반전쯤 들어선 부부가
같은 길 빙빙 돌더니 내게 묻는다

"지금 가는 길 쭉 따라가다
나무 계단이 나오면 내려가시라
표지판도 일러 줄 거라 했다"

모르면 멀고, 알면 가까운
서광西光으로 통하는 길
바로 눈앞에서 놓쳤는지도 모르지

나, 언젠가
경주 남산 바위로 엎드려 있는
당신을 그냥 지나쳤듯이

# 산책길에서

나무 계단 위
감잎 닮은 잎사귀
알록달록 곱게 써 내려간
바람의 말 한 줄 읽으려니
눈물이 주책이다

언젠가
내게 던져진 질문 하나
당신은 무슨 색깔이냐?

난
나를 생각해 본 적 없어
그저
허공만 바라봤는데

그래
난 카멜레온
어디에도 속하지 못하고
늘 색깔을 바꾸며
나를 잃어버리는 줄도 모르고 살았나 봐

저 작은 나뭇잎도

노랑, 빨강, 초록으로 물들었는데

난
물 한 방울이었다가
한줄기 바람이었다가

# 화원을 거닐다
― 리움 미술관에서


저물어가는 꿈이 날 이곳으로 불렀을까
금방이라도 뛰어나올 듯
매섭게 노려보는 호랑이
어디서 미풍이라도 불어오는지
가늘게 떨리는 털의 파동
김홍도 화원의 '송하맹호도' 앞에서 돋아나던 그 소름


짚신 삼는 아버지 곁에
물레를 돌리다 말고
벌거벗은 어린아이와 눈을 맞추는 어머니
김석신 화원의 '수하 일가도' 보고는 어렴풋했지


봄날 버드나무 아래
강가에서 고기 잡는 사내아이 둘
유운홍 화원 '유제 조어도'에 이르면 얼마나 한가롭던지
나도 그 풍경 속으로 들어가
잠시 봄 꿈을 꾸고 싶었네
한가한 걸음으로 돌아보다
벽면 유리 속
다시 돌아갈 수 없는 저 미래


안중식 화원 '영광풍경 10곡병' 옛 동산에 올라서니

성문 밖 초가지붕들 황소 등처럼 옹기종기 모여 있다
제사라도 지내려 가는지
갓 쓴 사내들 소달구지 길 따라 마을로 향하고
마을 안쪽에선 나무꾼이
지게에 땔감 한 짐 지고 나귀 탄 사내를 뒤따라간다
나무 값은 넉넉히 받았을까

윗마을에선 농부가 소를 몰아 밭을 간다
노을이 지고
굴뚝마다 저녁밥 짓는 연기가 모락모락
골목을 휘감으며 피어오르겠지

창호 새로 번지는 등잔 불빛에
잠시 발길 멈추고
오순도순 나누는 사람 얘기에
나도 모르게 서러운 눈물 한줄기 훔치다

터벅터벅
달빛 내린 숲길을
바람 한 자락 따라 걸어간다

# 누구신가

손으로 귀를 감싸안으니
순간 회오리바람이 인다
수천 수만의 말발굽 소리
캄캄한 내 귓속을
쉬지 않고 달리는 이여
누구신가
그대도 나처럼 나를 찾아다니시는가?

저 길로 가면 만나려나
이 숲으로 가면 알 수 있을까
두 팔을 저으며 깊숙이 들어가
산 한 바퀴를 돌고
머리가 허옇도록 돌고 돌다
아무래도 이번 생에는
닿지 못하려나

여보시게
아직도 캄캄한 길을 달리고 있으신가?
무슨 기척이라도 좀 해 보시게

# 하늘마당

누가 쓸어 놓았을까
산책길에 선명한 빗자루 자국.

시골집 앞마당도 그랬지.
대빗자루가 지나가며 빗금이 생기면
해가 깨금발로 오고
오동나무 그늘이 드리우고
참새들 모여 쫑알쫑알.

뉘엿뉘엿 서산에 노을 고이고
밀짚 방석 펼쳐놓으면
반딧불이 어스름을 따라오고
할아버지 곤한 잠 위로
이슬이 내려앉곤 했지

저기 저 하늘마당
벌써 쓸어 놓으셨네
우리 할아버지

# 저녁으로 구르는 시간

내 영혼은
멀리 여행을 하지
내가 그리워하는 사람들은
도통 내게 관심이 없고.
말을 걸어도
멀뚱멀뚱 쳐다보기만 해.
한 번 가면 돌아오지 않지
돌아오는 길을 모르거나,
길을 알아도
귀찮아서 돌아올 생각이 없거나,
돌아온들
서로 알아보지 못하고
어느 소슬바람처럼 스쳐 지나가겠지.
지금 나는
사람들과 떠들다
하나둘 빠져나간 자리에
혼자 돌아와 허전함에 잠기네
가까운 사람들은 바쁘고
시간이 없다 하고…
그래서 나는
전화기를 꺼냈다
다시 주머니에 넣었다.

또 꺼냈다가……
광활한 저녁으로
천천히 구르는 시간
고단한 몸을 눕히고
내 영혼은
또다시 먼 여행을 떠나네.

# 불나비

어쩜 이렇게 서툴까
떼어낼 수도 없는
보푸라기 같은 생

숨 가쁘게 산을 오르던 날이
오히려 마음은 편했는데
발가락에 힘주고
천 번 만 번을 기어 올라가도
살아 있음이 기뻤는데

쏟아지는 도시 불빛 숲에서
나는 자꾸 나를 놓친다

이제 그만, 때가 된 걸까

들로 산으로 쏘다니며
나물, 더덕, 도라지 캐던 날들

된장찌개 하나만으로도
웃었는데

소복소복 장독대에 쌓이던

하얀 겨울밤
생쥐도 꺼내 먹던 고구마
참 달았는데

사랑방 통가리가 바닥을 보이면
밭에선 쇠스랑이 바빴고
마른 논으론
샘물이 흘러 찰방대던 곳

이미 내 눈은
빛으로 멀었지

그러나,
가슴 깊은 곳에 샘물은
아직 흐르고 있다네

# 오두막

몇 년을 헤매다
집으로 돌아가는 길

잠시 지친 몸
쉬어 갈까 둘러보니
깊은 산골,
구름 위에 오롯한
오두막 한 채

주인장은 방 안에
설악산을 들여앉히고
지리산, 한라산, 백두산,
그 멀다는 히말라야 설산
안나푸르나까지 데려와
함께 놀다

갑자기 무엇이 떠올랐는지
훌쩍 가서는
십 년이 지나도록 돌아오지 않는다

또 누가 아나—
두고 간 설악산이 그리워져서

문득 돌아오실지

그때는,
인연이 닿으려나

# 천왕봉 해돋이

장터목 산장에서 새벽 네 시,
하나를 잡아당기면
실에 꿰인 구슬처럼
줄줄이 따라올 것 같은 별들 보며
천왕봉에 오른다
돌밭 길을
내려갔다 올라갔다,
벌써 천왕봉 바위틈마다
펭귄처럼 앉아 있는 사람들.
나도
좁은 틈에 비집고 앉아 기다린다.
산들이 서서히
깨어나기 시작한다.
벌어진 어깨,
꽉 다문 저 입술들.
엄숙하고 장엄하여
함부로 말 붙일 수는 없는―
그러나
생각해보면
저리 푸근한 가슴도 없지.
산, 산, 산들이 일어난다.
동쪽에 드리운

검은 커튼이 열린다.
하늘가 구름들,
실핏줄마다
피가 돈다.
먹장구름 속에서
쑤우욱 내미는
검붉은 무광 덩어리—
또다시 허물을 벗는다.
둥, 둥, 둥…
솟는다.
수만 갈래로 터져 나오는
맨살을 찢고
발아되는
무량의 빛
둥근 것은 둥글게
뾰족한 건 뾰족하게
만물을 비춘다.

나 팔 벌려 안는다
뜨거운 것이
쑤우욱!

# 바람의 노래

책장 사이, 흑백 사진 한 장
그는 들풀처럼 앉아 있다
말 없이 바람에 기대듯

바랜 풀잎들 속에 묻힌 얼굴
이마엔 낮은 구름이 흐르고
주름진 입가엔
바다가 머물다 간 흔적들

적으면 적은 대로
비좁으면 비좁은 대로
비바람을 맞으며
함께 젖는 즐거움이여

풀들은 바람을 껴안고 노래한다
살아선 이슬을 모으고
죽어선 흙으로 돌아가
바람을 품는다

서러워서도 아니요
기뻐서도 아니었다

>
그저,
작은 몸 하나로
세상을 다 품는 법을
몸으로 기억했을 뿐이다

# 다시 바다

너를 지척에 두고도
그리움 한 자락
풀지 못한 채 돌아선다

넌 파도를 다독이며
모래를 쌓느라 바쁘고

고개 들면
바쁘다 바빠 죽겠다—
말하겠지

우리 모두 완벽하지 않아서
어디에도 머물지 못한 채
불안을 떨쳐내려
이곳저곳을 기웃거린다

하지만 손에 남는 건
모래 한 줌뿐

나 역시
모래 쌓는 일에 몰두하다

\>
결국엔 바람이 되어
들판을 지나
山頂에 오르고
구름으로 흐르다
돌고 돌아서

다시,
여기 바다

# 하루

그리고
다시 시작되는

되돌이표

분명,
어떤 끈이 있을 거다

확! 당기면
줄줄이
끌려 나올 것 같은

칼을 휘둘러도
끊어지지 않는다

몸에 남은
족적들

내가
하루라고?

지루하게—

\>

무슨 그런 말을
진담처럼 하시나

# 집게

깡마른 몸
가진 것이라고는
톱니 같은 이빨 하나

그러고 보니
물고기 닮았구나

운주사 처마 끝에 매달린 풍경
쇠 물고기 사라졌다는 소식 듣고
만어산으로 간 줄 알았더니

돌 두드리면 쇳소리 나고
물소리도 들린다기에
지금쯤 오순도순 이웃 만나
회포 풀고 있으려니 했더니만

찌개가 끓는 냄비 속을 오가며
담금질하고 있다

이 거친 세상으로
다시 돌아올 만큼
벗어야 할 허물
네게도 그리 많았더냐

3부

# 거리

그러니까
사람 사이에도 거리가 있어야 한다는 거지
너무 가까우면
미움이 일고 오해가 생기거든
내 영역에
다른 발자국이 찍히면
슬슬 기분이 언짢아지지
선물도, 잘못하면 짐이 되니
주고 싶은 마음만 받는 거야
그렇다고 너무 멀리는 아닌
그 무심이 나는 참 좋데
뜻풀이야 어떻든
말로는 다 할 수 없는 것이
무심 속에는 있거든
넌 참 무심도 하다 말씀하시지만
밥 먹을 때나 잠자리에 들어서도
난 엄마가 떠오르거든
말하면 다 사라질 것 같아
멈추게 되는
거기까지

# 쪽파를 다듬으며

이른 봄
햇살 아래 쪽파를 다듬는다

어둠을 더듬던 실뿌리를 자르고
겉잎을 한 겹, 또 한 겹 벗겨낸다

수북이 쌓여가는 껍질을 보니
동생들 돌보느라
학교 가는 날보다
못 가는 날이 더 많았던
우리 언니 생각난다

처음부터 누런 잎이 어디 있나
첫 길을 열고 나아가
비바람 눈보라를
누구보다 먼저 맞았던

그래서 크지도 못한 맏이

밑거름이 되는
그들이 있어
세상에 꽃이 핀다

# 서쪽에서

통통배 한 척,
노을 속으로 들어간다

나도 어디론가 떠나고 싶다

사막은 너무 목마를 테고,
꽃길은 너무 염치없고,
사람 사는 이야기, 실은
털털거리는 완행버스 타고,
미루나무 몇 그루 기침하며 서 있는
그쯤에서 내리리라

논두렁길을 지나 개울을 건너
등성이 올라서면
저녁밥 짓는 하얀 연기
굴뚝을 빠져나와 마을을 휘감고 있겠지

고무줄 놀이에 골똘했던 아이들도
다 집으로 돌아간 저녁,
모과나무 집 텅 빈 마당엔
달빛이 가죽나무 그림자 사이를 서성일 게다
처마 밑 가느다랗게

새어 나오는 불빛,
밥상에 둘러앉아
달그락거리는 소리

서쪽에 있으니
동쪽이 그립네

# 낚시

나는 미끼다
나를 꿰어
숲속에 던져놓는다

홀아비꽃 향기가
언덕에서 톡톡 건드린다
새들도 지저귀며 맴돈다

허나
내가 기다리는 것은
피노키오를 삼킨 고래보다 크고
붕새의 날개도 들어 올릴만한 대어

어디서 사는지
어떻게 생겼는지
아무도 모른다

정처 없이 떠돈다는 소문만 들었을 뿐
고도를 기다리는 그들처럼
무작정 기다리는 거다

나는

매일 유수 속에
나를 던진다

# 떠밀리다

늦가을 바람에
거리로 내몰린 나뭇잎들
공중을 맴돌다
고랑에 처박혔소

바람이 어찌나 거센지
제대로 설 수도 없어
언덕에 잠시 버티다
담벼락에 기대 숨 돌리는
늙은 은행나무

바람은 고삐를 더 죄고
벼락같은 소리로 몰아붙였소

저 앞에—
겨울이 오고 있음을
난들 왜 모르겠소

내 벼랑엔 아직
피지 못한 꽃 한 송이
돌 틈에 숨어 있소

>
그 꽃 피거들랑
수다스러운 바람이여
부디 날 붙잡지 마오

# 시간 밖을 걸어요

한나절 땅바닥에 굴러다니던 걱정,
쓸어내고 닦은 뒤,
나는 시간 밖으로 나가요

동네 친구들이 집에 갈까,
밥도 먹는 둥 마는 둥,
서둘러 뛰어나가던 아이처럼−

타이어가 속도를 멈추고
노란 들국화나 키우고 있는 언덕을 지나,
청설모가 알밤 물고 가는 솔숲,
짐승들이 오가던 좁은 길을 걸어요

헐렁한 운동화 속
부서진 솔잎과 작은 돌멩이
함께 바람 속을 떠돌아요

숲속 나무들이 잎사귀를 흔들며
자꾸 무어라 말해요
내게 고백하려는 걸까요,
어디로 가자고 부르는 걸까요

\>
나는 그냥 웃어요
내 보물단지가
비어가는 줄도 모르고 살았네요

첫눈에 설레던 마음,
식구들 밥상 차리며 흥얼거리던 노래…
어디 가면, 다시 만날 수 있을까요

내일은,
저 산 너머 마을에 사는
그리운 벗에게 다녀와야겠어요

# 자리

마당가 조그만 텃밭에
배추, 쪽파, 상추를 심고
풀도 매고, 벌레도 쫓는다

밤새 안녕이라더니
속도 차기 전에
잎사귀를 뜯겨 버렸네

허연 줄기만 남은 배추
벌레는 살이 통통하게 올랐고
그 품속에서
삶의 숨결이 둥글게 부풀었지

그래, 벌레도 먹고 살아야지
하다가도
그렇게 싹싹 갉아 먹다니―
벌레에게 양심을 바랐던가

배추 자리, 상추 자리 넘보는 잡풀들 뽑으며
가슴 한켠에
묵직한 생각이 박힌다

>
벌레나 풀이나
저 자리에서 저마다 제 삶의 자리라면—
들깨밭에선 녹두도 잡풀일 테니

# 그림자만 옮겨선 안 된다

그러니까
나는 젊어져야 한다

말뚝처럼 박혀서
눈만 깜박이며
그림자만 옮겨선 안 된다

세포들을 깨워야 한다
바람 속
누가 스치는지
머리카락 한 올
숨결 하나 놓치지 말아야 한다

먹잇감을 보면
망설이지 않고
수직으로 내리꽂아
순간을 낚아채야 한다

독수리처럼 온몸 던져야
비로소
살았다 할 수 있다

# 길 5

길가
시멘트 틈 갈라진 자리
작은 바람에도 꺾일 듯
깡마른 몸
씨알 암팡지게 매단 강아지풀
가을 끝자락에 서서
해와 바람과 언덕에
인사하는 중인가 봅니다
이 세상에 와
제 할 일 다 하였으니
가는 걸음걸음이
얼마나 가벼울까요.
인사가 긴 걸 보니
고마운 게 많은가 봅니다

거기까지 가려면
난 아직 한참 멀었지요

# 답장

텃밭 가는 길
전화기 너머로 반가운 목소리
내일모레 비 소식 있으니
들깨 모를 부어야 한다고
잊지 않고 일러주시다니

농사는 시기를 못 맞추면
어그러지기 마련
서리태콩은 하루만 늦거나 일찍 심어도
콩꼬투리 개수가 달라진다니

어디 농사만 때가 있나요
길가에 함지박 만하게 웃는 접시꽃
푸른 하늘과 또 짝꿍인 실구름도
찰칵!

―이쁘다
접시꽃이 필 때면 장마 진다지
들깨 씨앗 뿌리는 법은 알고?

하짓날 들깨씨 뿌리고 허리를 쭉 펴는데
짝짝짝 짝짝~

참새들 응원도 받았겠다
마침 비구름도 몰려오고
올 들깨 농사는 풍년이겠네요

# 앓고 난 뒤

노란 솔잎이 푹신한 숲길을 따라
우르르 바람이 지나가고
마른 잎들이
나뭇가지에서 풍경처럼 울었습니다
오랜만에 걸었습니다

하루 세 끼
꼬박꼬박 챙겨 먹은 밥,
그 힘을 나는
무엇에 쓰고 있었을까요?
한 끼는 욕심 부리는데,
또 한 끼는 집착하는데,
마지막 한 끼마저
누굴 미워하는 데 쓰고 있었을까요

내 하루하루가
실없이 닳아가고 있었습니다
집안을 둘러보니
잡동사니들로 가득하고
곰팡내에
숨 쉬는 것조차 힘이 듭니다

\>

창문을 가리고 있던 널빤지를 떼어내고
수북이 쌓인 먼지와 거미줄도 쓸어냈습니다
집이 깨끗해지니
초대하지 않아도 솔바람 드나들고
새들도 날아와 지저귑니다

오랜만에
산에 다녀왔습니다

# 깜박

비행기를
열다섯 시간 타는 것은
참 고통스러운 일이야
그런데
비행기에서 내리고 나면
그곳의 풍경들이
예쁘고
황홀하고
사랑스럽지 않던가
첫째 낳고
둘째를 또 낳듯이,
갈 때의 고통은
또
깜박
눈 떠보니
다시
이 세상이었지
왔으니
또 한세상 살다
돌아갈 때쯤
아차,
생각나겠지
기억했다면–
안 왔을지도 몰라

# 느티나무 아래에서

내가 안다고
얼마나 안다고,
겨우 육십갑자 살아놓고
죽네 사네 떠들어댔으니―
내소사 느티나무 앞에서
천 년을 살아낸 그림자를 만났지
그 그늘은 깊고
바람이 몰아쳐도
좀처럼 흔들리지 않더라고
절로 고개가 숙여졌지
그 나무는
한자리에 서서 세상의 끝을 지켜봤을 거야
웬만한 풍경엔 눈 하나 깜짝 않고,
아무 말 없이 제 길을 따라가는 물처럼
모진 바람을 견디며 살아왔겠지
그쯤은 살아봐야
나지막이 말할 수 있는 거지
하루를 살고도 깨친 생도 있다지만
백 년도 채 살아보지 못한 내가―
안다고,
얼마나 안다고
세상을
너무 쉽게 말헤버렸구나

# 발

한층 깊어진 가을
음~~
햇살 냄새, 바람도 달콤하다

신발 속에 무던히 갇혀 있던
고단한 발에도
콧바람 쐬어준다

그새 땅이 식어
그늘 아래는 벌써 냉기가 돈다
내가 맨발이니
맨발이 보인다

춥거나 덥거나
양식을 찾아서
칠흑 같은 어둠을 더듬고 건너
한 발짝이라도 더 가야
새끼들 배 곯지 않겠지

주렁주렁, 산수유나무는 지금도
그곳이 불구덩이라도
쉬지 않고 걸어가고 있을 것이다

\>
굽이굽이 산 넘고
큰 강물 저어 오느라,
부등식 기호처럼 휘어진
뒤꿈치는
마른 계곡 같았다

나쁜 길로 데려간 적 없고
오르막이든, 젖은 길이든
군소리 없이
뚜벅뚜벅
머리보다 먼저 나아가던
어머니의 발

# 밥통

밥 다 되었다
새벽부터 깨우던 밥통이
오늘은 조용하다

며칠 전부터
김 새는 소리 들리더니
결국 탈이 난 거다

하루도 거르지 않고
식구들 밥을 해댔으니
몸이 배겨날까

천하장사라도
쓰러졌겠다

혈관이 막혀
하마터면 큰일 날 뻔했다고
의사의 당부

헛간에 걸어두고
엄마는
참깨 모종하신다

\>

끊어진 선을 이었더니

'취사取捨'를 선택하라

또 재촉한다

# 그이

'남의 편'이라 하여
남편이라 부른다지
하지만
알고 보면
순전히 자기 자신 편
배고프다 하면서도
손 하나 까딱하지 않고
아침마다
내 양말, 내 지갑, 내 옷, 내 차 키…
내 것만 찾다가
출근하는
겉모습만 어른인 그이

우리 엄마도
"내가 겉 낳았지 속까지 낳았나" 하시며
며느리 면박을 주시더니,
"우리 아들 한번 데려가면
반품 안 되고 에이에스 없다"
미리 알았던들 귀에나 들렸을까

철마다 거풍 시켜야 하는
옷장 속 양복 같던 그이,

언제부턴가
설거지에 청소에
엊그제는 쌀까지 씻어 안쳤더이다

벗어놓으면
무릎 나온 그대로 축 늘어져 있지만
입고 있으면 따뜻해지는
겨울 내복 같은
내 짝꿍

# 버스

창리 가는 버스가 들어서자
창문 너머로 보따리 먼저 던진다
저 억척으로
가난한 살림살이 꾸려왔겠지

들썩이며 터미널을 빠져나가자
비슷한 뒷모습들
뽀글뽀글 파마머리
저마다 이야기꽃 피어난다

허리 아파 병원 다녀오고
아들 집 다녀오고
친구 따라 시장 구경 나왔다는 어머니들과,
입도 뻥긋 못 한 아버지들 싣고
버스는 신나게 달린다

오랜만에 얼굴도 보고
동네 소식도 듣는
말하자면, 버스는 작은 사랑방

함박눈 포근히 내려
쇠죽 냄새 퍼지고

마당에 수북이 쌓이면
마실꾼들 하나둘
사랑방에 모여들었지

긴긴 겨울밤
찐 고구마에 툭툭 썬 동치미로
배고픔 달래기도 했는데

이젠 입맛도 늙었는지
살얼음 동치미도 시큰둥하다
아궁이도 사라지고
고향 떠난 지도 오래다

언제 또 만날지 모를 이웃에게,
눈인사라도 해야지

# 길 6

이순이 되어서야 들리는 말,
덜어내면 가벼워진다!
그렇지,
하루를 살면
견뎌내야 할 몫도
그만큼 줄어들겠지
걱정도 내일이면
한결 얇아질 테고,
그러고 보니 나이를 먹는다는 거
두려워할 일만은 아니야
영혼의 무게가 21그램이라지,
티끌 하나의 무게도 버거울 테니
깨끗이 손을 씻고 또 씻어야지
어느 날
내 영혼이 헌 몸을 벗고
훨훨 날 수 있게―
난 지금
가벼워지는 중이지

# 비 그치고


참 맑다
푸른 하늘

아장아장
걷는 아기

마중 나오는
오월

참,
맑다

# 슬리퍼

분홍 슬리퍼 신은 아이
장마 걷힌 개울로
팔랑팔랑 간다

퉁퉁 불어난 물살에
검정 고무신 띄우고
물고기 잡는 오빠들 따라
나도 첨벙, 첨벙—

지난 장날
할아버지가 쌈짓돈으로
사다 주신 분홍 슬리퍼

황소처럼 달리는 물 따라
둥, 둥, 둥—

모두
어디론가 떠나가네

4부

# 여름 냄새

지금 창으로 들어오는 바람은, 강물도 건너고 들판도 지나왔겠지.

산에서 불어오는 바람이 방물장수처럼 보따리 풀어놓고 간다.

나, 환하게 눈을 감는다.

바람이 흘리고 간 냄새를 쫓아, 눈보라 치는 겨울 산을 넘기도 하고,

전투기 굉음에 엎드려 울던 공포의 날들을 맴돌다가,

비 올 무렵 스산한 뒤란 대나무 숲을 더듬고,

학교에서 돌아오던 길, 사람들 모두 피난 떠난 듯 고요한 마을 언덕,

찔레꽃이 마구 휘저어 놓던 허기도 어루만진다.

고구마 밭고랑에 어머니가 땀 흘리며 잡초를 뽑고 있다.

소쩍새가 우는 산밭 끝, 노란 물 주전자를 든 소나무 아래,

"농사는 죽어도 짓지 않을 거야."

다짐하는 아이가 붙박이로 서 있다.

# 말해주세요

밥만이 나를 키운 건 아니었지요
뙤약볕 아래 김을 매던 어머니,
소나무 그늘에 앉아
내가 떠다 준 당원 물,
풀물 밴 손으로 받아 마시던 그날,
당신의 눈길에서
어린 나는 벌써 체념을 읽었습니다

어머니,
우리는 새벽부터 밤까지 일하고
쉬는 날도 직장에 나가는데
날마다 가난해요.
먹고사는 일이 왜 이리 힘든가요

하루도 쉬지 못해요
불안은 빚쟁이처럼 문을 두드리고,
곡식을 거둔 들판도 한철은 쉬는데
우린 어찌 이리 쳇바퀴 같은 삶을 사나요?

스스로 목에 줄을 매고
헛배를 채워가며
상사의 눈칫밥을 삼켜요

승진, 월급 올라가는 건 꿈도 못 꾸고
'포기'란 말을 이름표처럼 달고 다녀요

불나방처럼
불빛을 좇는 이 허망한 하루

어머니,
이 어두운 길 끝에
태양이 있다고 말해주세요

내 삶을 뒤집을
혁명 하나쯤 일으키고 싶어요

오늘은 오랜만에
쑥부쟁이 핀 공원을 걷습니다
투명한 가을 하늘 아래,
'혁명'이라는 말이
가슴을 말달리게 해요

마른 골짜기에 샘물이 솟듯
너무 기쁜 나머지
스스로에게 묻습니다

&gt;

– 나 이렇게 살아도 되나?

정말 꿈이란 말,

아직 써도 되는 걸까요, 어머니?

# 옛 기억

발동기 피댓줄에 감겨
병원으로 실려 간 아버지.
봄내 마루 기둥에 걸려 있던 작업복,
드문드문 서 있던 시골집들.

학교에서 돌아오면
고요만 남겨진 뜰.

혼자 무쇠솥 뚜껑 열어
찬밥 꺼내 먹고.
찔레꽃 향기 은은히 따라오던
뒷산 길 따라
어머니를 찾아가다.

전투기 굉음에
귀 막고 엎드려.
나랑 땅이랑.
땅이랑 나랑
흠뻑 젖어 울다가.

한달음에 집으로 되돌아오면
담장 아래 꽃들도
벌건 눈으로
지는 해를 보고 있었지.

# 비 오던 날

열 살 먹은 아들이
비에 흠뻑 젖어 학교에서 돌아왔다
여름 방학 기념으로
비를 맞았단다

머리에 비료 포대를 쓰고
학교 가던 시절이 생각났다
3교시가 끝나갈 즈음
옷은 말라갔지만-
발은 여전히 질척였다

학교에서 돌아와
새콤한 깍두기 국물에
허겁지겁 찬밥 말아 먹고

나른한 몸, 꿈속을 헤매다
화들짝 눈떠보면
창호 문으로 들어오던 햇살
아침인지 저녁인지

창 너머 굵은 빗줄기로 낡은
먼 기억 하나
서러움도 묵으니
추억이네

# 알지 못합니다

당신을 두고 돌아섭니다.
수없이 오갔던 길을
되짚어봅니다.

늘 입던 옛날 군복,
발동기 피댓줄에 감겨
병원으로 실려 간 적이 여러 번.

기름 범벅 옷 입은 채
고장 난 기계 들고
버스에 오르기도 했지요.

끼니 놓치는 날을
어찌 셀 수 있을까요.
엄마는 새벽부터 논밭으로,
아이 손엔 아침 바구니.

바지 고리에 매달려
절그럭거리던 열쇠 소리,
낡은 자전거 브레이크 소리—
대문을 밀고 들어올 것만 같습니다.

\>

품에선 매캐한 먼지, 경유 냄새,
몇 번씩 비누질로 지워지지 않던
까만 기름얼룩들.

다시는 듣지 못할 소리들.

아버지의 오목한 귀가
내 아들의 귀와 닮았음을
영정사진을 보고서야 알았습니다.

돌부리에 넘어지면서,
막막한 길에서
순간 입에서 튀어나오는 이름.

아버지가 무슨 색을 좋아했고
어떤 반찬을 싫어했는지—

내 아이가 나를 모르듯,
나, 여전히 모르지요.

# 별꽃

산으로 올라가는
길가에
피었다.

11월,
홀로.

중환자실에서
말없이 흘리시던
눈물.

언덕에 피었다—
지키지 못한
약속.

또 올게요
아버지.

# 토끼 이야기

미용실 주인이 말했다.
며칠 집을 비운 사이,
배추 한 포기 놓고 갔다 왔더니
토끼가
배가 터져 죽어 있었다고.

외로움 때문일 거라고–
지독한 외로움에
자기가 뭘 먹는지,
얼마나 먹었는지,
그저 습관처럼
오물오물, 혼잣말을 하며
하루하루 버텼을 거라고.

나는
말하지 못했다.

그는
죽어서야
산으로 돌아갔다.

# 돌아가다

거리로 나섰지만
자꾸 멈칫거립니다.

마른 풀숲 사이에서
잠시 서성이다―
달리는 자동차도 따라가 보고
빈 봉지도 쫓아가 보지만
어느새 지쳐 나뒹굽니다.

아주 잠깐,
나, 다시 누가 잡아주기를……

한 번도 혼자였던 적 없고
이런 여유 가져본 것도 처음이고요.

서로 높이 올라
빛을 더 차지하려
자리 다툼 벌이고,
하루하루 사는 게 전쟁 같았네요.

하얀 뭉게구름 밀고 가는
바람에 들떠서―

이렇게 살다가는
죽어서도 후회할 것 같아서.

내가 가장 멋지고
아름답게 빛날 때
떠나기로 했지요.

여기는… 어디인가요.

나, 한 잎의 나뭇잎으로 살 때부터
꿈꾸던 바람이 온 곳으로
가려고요.

열쇠를 물려주고
뒷방에서 불던
아버지 피리 소리—

그곳에서
들을 수 있을 거예요.

# 상원사 동종

처음 뵙는군요.
얘기는 여러모로 들어 알고 있었습니다만-
팔백 년을 살아오셨다니.
고향과 생이별하고
죽령 고개 넘을 적,
오백 명 인부가 들고
백 마리 말이 끌어도
꼼짝도 하지 않으셨다지요.
기어이 안동 남문루에
생살을 떼어 묻게 하고,
이곳 오대산으로 오셨다지요.
발길 잡던 것이 무엇이었나요?
마음이 움직이지 않으셨던가요?
타향도 정들면 고향이라지만
꼭 그런 것만도 아닌가 봅니다.
나이를 먹을수록
그리운 것이 늘어서,
어쩌다 만나는 바람에게서
혹 고향 소식 들을 수 있을까
귀 기울이게 되고 ―
오래전 맡았던 풀냄새라든가,
저물녘 골목에 퍼지던 연기 냄새라든가,

흙냄새가 언뜻 풍겨올 때면
마음이 깃발처럼 펄럭입니다.
덩그렁, 덩그렁—
한번 울면 백 리 밖에서도 들을 수 있었다던
그 맑은 소리,
이제 들을 수 없다니…
그것참.
서운한 발길 돌립니다.

# 돌멩이 2

발로 툭툭,
한 번씩 차며 가는 건
나에 대한 관심이었겠지.

나라고
이렇게 되고 싶었겠나—
눈 떠보니
바닥이더군.

한때는,
주인이 챙겨주는 밥 먹으며
달 그림자나 컹컹 짖어대던
기와집까지 있는 개가
잠깐, 아주 잠깐
부러웠던 적도 있었지.

세상,
무슨 인연으로
그 험한 시절을 견뎌
여기까지 흘러왔는지—

눈도 코도

바람에 뭉개진
운주사,
이름 없는 석불의 목이 되었지.

돌부처의 목이 되어서야
비로소 찾았지,
머리에서
가슴으로 이르는 길.

# 바람이 불어

우리 사이—
고개 하나 넘으면 만날 수 있는
그리움의 거리쯤이면 좋겠다
라디오를 듣고 있어도
옛날을 뒤적여도 쭉정이 같은 하루
어느새
고개를 넘고 있는 자신을 발견하곤
깜짝 놀라겠지
내가 그곳으로 향하는 건
강물이 격랑의 바다로 흘러드는 이치
너는 다 알고 있다는 듯
겅중겅중 걸어오는 날 보고
빙그레 웃겠지
오래 만나지 못했음에도
마치 어제 만났던 사람들처럼—
툇마루에 앉아
시시콜콜한 얘기하며
아이들처럼 깔깔깔 웃겠지
달리아, 백일홍, 수국이
우리들 얘기에 귀 기울이며
새끼줄 둘러친 꽃밭에서
피식거릴 거야

다시 길을 되짚어 돌아올 때쯤엔
"잘 있어" 그런 인사는 안 할 거야
마당가 강아지풀들만
오래도록 손 흔들겠지

세상에
처음 온 것처럼–
바람이 불어
밖으로 나가봐야겠어

# 길 3

참 좋다.
소나무 손이 살짝
참나무 어깨에 얹히고,
서로 기대어
해맑은 물소리로
흘러가는 숲길이
참말로 좋다.
사위어 가던 풀이
다시 일어나
길 따라 푸르고,
나뭇가지마다
바람의 잎들,
빛나는 숲은
풍요를 노래한다.
길이 끊긴 듯-
그러나 가보면
구불구불
다시 산 너머로 이어지고,
저 깊은 골에
누가 살까.
아슴푸레 집 한 채,
뉘 집 외할머니가

두런두런
다락밭 일구며 살 것 같네.
앞에 무엇이 있는지
쉽게 보여주지 않는
그 길 위에 서면
때때로 설렌다.
나는,
내가 좋아진다

# 영역 표시

소나무 앞에서
잠시 한쪽 다리 들었다
내려놓는 개 한 마리

하, 요것 봐라
달나라에도 벌써 땅주인이 생겼다는데
하물며
그늘 좋고 흙냄새 향기로운 땅에
주인이 없을까?

서랍 깊숙이
땅문서가 잠든 사이
영역 표시했겠다

일찍이 아버지께서
"내 것이 아닌 것엔
눈길도 주지 말라" 하셨지만

나도 슬쩍,
오솔길에 침 한번 발라봐?
땅을 접어
호주머니에 넣어가겠다는 것도 아니고

백 살도 훨씬 넘은
저 느티나무처럼
나 여기 눌러살겠다는 것도 아니잖은가

촉수를 한껏 뽑아 올린
달팽이처럼
둘레둘레 걷다가—

희뜩하게 내다보는 진달래,
산모퉁이 돌아서다 보고
세숫대야 만 한 골짝 물웅덩이,
털 고르는 새도
잠깐 보았으니—

나, 이제
샛길 따라
재 너머 목련에게
안부 물으러 간다

# 고남에서

친구여,
여전히 씩씩하게 잘 지내고 있겠지.
나도 그럭저럭 지내고 있다네.
서해 땅 끝으로 이사 오던 날이 생각나는군.
눈발들이 길을 막고
어찌나 몰아치던지
없는 잘못까지 고하고 빌 뻔했지.
갑작스러웠지?
어떻게 된 거냐 묻고 싶었겠지만,
그저 익숙함에서 도망치고 싶었던 거야.
아니, 새로운 것이 그리웠는지도 모르지.
낯선 곳에서만이 느낄 수 있는 해방감이랄까.
비릿한 갯바람이 골목을 어슬렁거리고,
한밤중 창문 밑
길고양이들이 울어대는 통에
잠을 설치기도 해.
문 앞까지 와 보채는 안개,
집 앞 나지막한 산,
그 길 끝에서
한 척의 배가 점으로 사라질 때까지
바라보는 바다.
밀려드는 파도에

나를 살짝 놓아보기도 하지.
추억은 꼬깃꼬깃할수록 빛날 테니까.
바람 아래, 장삼포, 운여, 장돌
자그마한 해변을
함께 걷는 상상을 해보았다네.
봄이면 밭두둑에 매화나무 몇 그루 피고
산언덕 넘어오던 향기.
고사리 꺾어 말리고
두릅, 다래, 뽕잎 순 뜯어먹다 보면
어느새 여름은 턱밑에 와 있지.
삶은 또다시 익숙해지고,
우린 또 새로운 것을 찾아 떠나겠지만—
붉은 커튼을 내리는 서쪽.
친구여,
나 지금은
잠시 여기에 머물러야겠네.

# 네잎클로버

온 들판을 헤매며
애타게 날 찾던 건 당신이었지요.
이제는 곁에 두고도
눈길 한번 주지 않네요.
햇살 없는 창가에 놓인 채
물기 하나 없이 마르면
나는 조용히 부서지겠지요.
그러다
바람에 흩어지겠지요.
그러니
지금이라도 날 붙잡아 줘요.
당신은 요즘
귀도 잠그고 눈도 감은 채
마음에 벽을 쌓았지요.
말없이 웃던 날들,
그 작은 행운이
당신 손 안에 있었다는 걸
잊은 건가요?
이제와
사막을 건너
다시 행운을 찾겠다고요?
끝까지 가봐야

내가 아니었다는 걸 알겠다는 거군요.

그래요, 어쩌면

당신이 찾는 건

처음부터 내가 아닐지도 모르죠.

그건, 당신만이 알고 있겠지요.

하지만 나는 언제나

당신 베개 밑에 있는 걸요.

가장 가까이에서—

당신 꿈을 지키고 있지요.

# 나뭇잎 노래

붉게 물들어
내가 진다

온몸으로 살아낸 뒤
남은 것은
얇디얇은 자존심 하나

왕년을 거들먹거려 봐야
초라함만 더해질 테지

내 살갗을 스쳐 가던
부드럽고 달콤한 바람의 입술,
별밤, 멀리서 달려오던 이슬방울들–
잊지 못할 거야

날 빛나게 해주던
여름날의 태양
광인 같은 폭풍도 그립겠지

하루 이틀 늦춘들
뭐 달라질 게 있겠어?
꼭대기에 매달려 바둥대거나,

발길에 채여 바스라지거나

아버지의 아버지,
그 아버지의 아버지가 간 길을
이젠 나도
걸어가는 거야

# 시인

저기, 한껏 올라간
하늘 자락에 흰 구름 좀 봐.

광막한 세상,
그냥 구름으로만 가면 심심하니까
양들도 좀 풀어놓고, 새도 날려보다가
그리운 얼굴도 하나
빚어보는 거다.

배낭 하나 걸머지고
지리산 갔다가, 설악산 갔다가
한라산 백록담도 한 번 들여다보고
이 능선 저 능선 들러서
산골 바람 품어 오다 보면
잿빛 구름, 먹구름 만나
한바탕 비도 쏟아내는 거다.

천지에 호령하며
천둥 벼락도 한번 쳐보고
봐도 봐도 보고픈 사람
폭설로 발길 묶어놓기도 하지.

\>

그리고 간다ー

흰 구름

# 화두

산책길에 있었다.
노오란 꽃 아래
뭉개진 개똥.

저 꽃—
누가 거기
던져 놓은 것일까.

난 화두 하나를 안고
산을 내려온다.

똥 속에 꽃이 있다는 말인가,
꽃 속에 똥이 있다는 말인가.

방금 생각하던
나는 어디에 있는가.

어느 시에도 없고
어느 시에도 있는
풀잎에 이슬방울,
그 먼 도道

# 빛나는 아이디어의
# 근원으로서의 산책, 걷기의 시학
## ― 전현자의 시 세계

권온 문학평론가

# 빛나는 아이디어의 근원으로서의 산책, 걷기의 시학

## — 전현자의 시 세계

권온 문학평론가

### 1.

필자는 2016년에 전현자의 첫 번째 시집 『슬픔을 깎다』(2016)의 해설을 썼다. 그로부터 9년 정도의 세월이 흘렀고, 그녀는 두 번째 시집을 간행하게 되었다. 놀랍게도 필자는 시인의 두 번째 시집의 해설을 쓸 수 있는 기회를 얻게 되었다. 이제 필자에게 전현자 시인과의 만남은 거부할 수 없는 운명으로서 다가온다.

전현자의 첫 번째 시집에 관해서 필자는 삶의 의미를 되새기는 진지함과 천진한 상상력이라는 평가를 내린 바 있다. 그녀가 두 번째 시집에서 펼치는 이야기는 어떻게 흘러갈 것인지 상당히 궁금하다. 시인은 이번 시집의 시인의 말에서 "슬픔", "기쁨", "길", "바람", "밖" 등의 어휘를 도입한다.

전현자의 이번 시집은 '안'에서 '밖'으로의 이동이고, '슬픔'과 '기쁨'이 뒤섞인 '바람'이 출렁거리는 '길' 위의 기록일 수 있다. 시인은 자신의 내면 공간에만 갇혀있기를 거부하고, 과감하게 외부로 나갈 것을 다짐한다. 외부의 그녀에게 펼쳐진 새로운 공간으로서의 길은 슬픔과 기쁨 같은 다양한 정서를 제공한다. 독자들로서는 시인과 그 길의 여정에 동참하면서 함께 웃고 함께 울면 좋을 것이다.

## 2.

전현자가 두 번째 시집에서 제시하는 메시지들 중 하나는 독자들이 그녀의 시를 어떤 노래로서 수용하기를 바란다는 사실과 무관하지 않다. 시 「나의 노래」를 읽는 일은 시와 노래의 견고한 통합을 지향한다는 점에서 대단히 미적이고 예술적이다.

나의 시는
어쩌다 꺼내 입는
정장이기보다는
의자에 툭 걸쳐 놓았다
시장에 갈 때나 산책을 나갈 때
친구처럼 손잡고 걸었으면 좋겠다
당신이 일터에서 돌아와
목을 조르던 넥타이를 풀고
소파에서 스르르

곤한 잠에 빠져들 때
시린 어깨를 가만히 감싸 안는
바람도 빛도
거리낌 없이 드나들게
한 올 한 올 느슨히 짠 스웨터 같은
그런 시였으면 좋겠다
　　　—「나의 노래」전문

　전현자에 의하면 "나의 시"는 "나의 노래"이다. 시적 화
자 '나'는 '시인'이자 '가수'일 수 있다. 시인 또는 가수로서
의 '나'는 자신의 시 또는 노래를 어떻게 바라보는가? '나'
가 원하는 시를 의복에 비유하자면 "정장"이나 "목을 조르
던 넥타이"가 아닌 "한 올 한 올 느슨히 짠 스웨터"이다.
'나'의 시는 격식을 갖춘 근엄함보다는 친근함이나 편안함
을 지향하는 셈이다.
　전현자는 독자들에게 회사나 "일터"에서 입는 '정장' 같
은 옷이 아니라 "시장에 갈 때나 산책을 나갈 때/ 친구처럼
손잡고 걸"을 수 있는 '스웨터' 같은 옷을 권유한다. 편안하
고 친근한 스웨터를 닮은 시인의 시는 우리에게 "거리낌 없
이" 살 수 있는 자유를 제공할 수 있다. 또한 자유로운 영
혼의 소산으로서의 시는 음악성을 품은 노래와 다르지 않
을 것이다.

숲길을 걷노라면 순해지지
경계가 사라지지
고약하게 먹었던 마음도

마디마디 결리고 쑤시던 삶도

언제 그랬냐는 듯

잊어버리고 멀쩡하니

참 신기하지

사정없이 흔들어 생가지 부러뜨린 바람을

가만히 껴안는 나무들 좀 봐

단풍나무 잎사귀에 어룽대는 햇살

억새들 사이를 비집는 바람 소리

걷는다는 생각도 없이

널 만나게 될 기쁨에

마냥 즐거운 골짝 물처럼

내가 흘러가고

—「길 4」 전문

　전현자가 이번 시집에서 추구하는 지향점은 동사 '걷다'
와 무관하지 않다. 그녀가 '걷기'를 통해서 도달하려는 공
간은 '자연'일 수 있다. 시인이 이 시에서 노출하는 "숲길",
"바람", "나무들", "햇살", "골짝 물" 등의 어휘는 답답한
도시 생활에 지친 현대인에게 자연의 청량함을 제공한다는
점에서 대단히 유의미하다.

　시적 화자 '나'가 자연을 향해서 걷는 일은 '나'가 '너'를
만나는 일과 다르지 않다. 자연으로의 전진 앞에서 '나'는
"마디마디 결리고 쑤시던 삶"을 잊고 "순해지"고 "경계가
사라지"는 상황으로 나아간다. 그것은 '너'와의 만남이 '나'
에게 허락하는 "즐거운" 마음이나 "기쁨"의 상태와 닮았다.
'너'의 앞에서 '나'는 "물처럼", "흘러가"게 되는데, 이와 같

은 유동성은 자연 속에서 편안함과 자유로움을 감각하는 인간의 본성을 적확하게 포착한다.

벼르고 벼른 산책,
바람은 약속 있다 가고
바위는 엉덩이 뗄 줄 모르고
느리던 달팽이도 쌩하니 떠난다

오늘은 마음이 더 정처 없다
잡으면 놓아야 하고
만나면 헤어져야 한다는 걸 알면서도
서운함이 눈덩이처럼 부푼다

진달래, 목련, 벚꽃도
손만 흔들고 스쳐 간다

텅 빈 벤치 위
누가 놓고 간 걸까
종이 컵 하나, 흔들리다 멈춘다

늘 그렇듯
혼자 터벅터벅 봄 속을 걷다 보니
문득, 이 호젓함이 별천지였네
―「봄을 걷다」전문

「봄을 걷다」는 앞에서 살핀 「길 4」와 유사한 계열을 형성

하는 시이다. 전현자는 이 시에서 동사 "걷다"와 명사 "산책"을 제시하면서 '걷기'의 시학을 실천한다. 그녀가 선택한 '걷기' 또는 '산책'은 단순한 행동이 아닐 수 있다. 시인은 "봄 속을" 걸으며 "바람", "바위", "달팽이", "진달래", "목련", "벚꽃", "텅 빈 벤치", "종이 컵 하나" 등 다양한 대상 또는 사물과 조우한다.

독자들이 전현자의 이번 시를 읽는 일은 '걷기'의 의미를 다시 규정할 수 있는 특별한 경험이 될 수 있다. 그녀에게 '걷기'는 "정처 없"는 방향을 향한 부단한 움직임인 동시에 "서운함"이라는 이름의 "마음"을 되새기는 계기이다. 시인이 우리에게 제공하는 '마음'은 "잡으면 놓아야 하고/ 만나면 헤어져야 한다는" 오래된 말씀과 무관하지 않다. 잡는 것은 놓는 것이며, 만남은 헤어짐이라는 이와 같은 진실 앞에서 많은 사람들은 '회자정리會者定離'나 '생자필멸生者必滅'을 생각할 수 있다.

보령 성주산 자락
편백나무 숲에 왔지
귓가에 들려오는 숲속 바람의 노래
단추 몇 개 눌러 전하려다
손을 멈추었네
괜히 땀 흘리며 일하고 있는 사람
바람 넣을 거 뭐 있나 싶어서
이 다음에 함께 오세
대천 바닷가 나란히 걸으며
오고 간 수많은 발자국 속에

우리 발자국도 찍어 보고
편백나무 시원한 그늘 아래 누워
나뭇가지 사이로
깨끗이 쓸린 푸른 하늘도 올려다보고
이래저래 찌들어 시커메진 폐가
갑자기 향기로운 바람에 놀랄 테지만
그날만큼은 코를 벌렁거리며
푸른 들판에 뛰어노는 야생마가 되어 보세
대대로 이어진 남부여대 삶이 그렇듯
다 먹고 살자고 하는 일
부질없고 의미 없으면 또 어떤가
좋으면 되었지
―「좋으면 되었지」 전문

　전현자의 시를 읽는다는 것은 "편백나무 숲"에 가서 "숲
속 바람"을 맞이하는 일이고, "대천 바닷가"에 가서 "푸른
하늘"을 보고 "푸른 들판에 뛰어노는 야생마가 되어 보"는
일이다. 그녀의 시 세계에 들어서는 일은 '편안함'과 '좋음'
의 상태를 확인하는 일이다.
　시인은 "대대로 이어진 남부여대"의 "삶" 또는 "먹고 살
자고 하는 일"의 소중함을 강조한다. 우리의 삶이 누군가
에게는 "부질없고 의미 없"을 수도 있지만, 중요한 바는 삶
을 수행하는 본인의 생각일 수 있다. '나'가 만족하고, '나'
가 "좋으면" 된 것이다. 자연을 지향하고 스스로의 마음의
소리에 귀 기울일 수 있는 소박한 삶이라면 이미 충분하다.
이제 마음의 안식과 위안으로서의 삶을 새롭게 시작해 볼

일이다.

> 그러니까
> 사람 사이에도 거리가 있어야 한다는 거지
> 너무 가까우면
> 미움이 일고 오해가 생기거든
> 내 영역에
> 다른 발자국이 찍히면
> 슬슬 기분이 언짢아지지
> 선물도, 잘못하면 짐이 되니
> 주고 싶은 마음만 받는 거야
> 그렇다고 너무 멀리는 아닌
> 그 무심이 나는 참 좋데
> 뜻풀이야 어떻든
> 말로는 다 할 수 없는 것이
> 무심 속에는 있거든
> 넌 참 무심도 하다 말씀하시지만
> 밥 먹을 때나 잠자리에 들어서도
> 난 엄마가 떠오르거든
> 말하면 다 사라질 것 같아
> 멈추게 되는
> 거기까지
> ―「거리」 전문

    시는 사람과 "사람 사이"에 관한 기록일 수 있다. 사람과 사람 사이에는 어떤 "기분"이나 "마음"이 오고갈 것이다.

그 '기분'이나 '마음'은 "미움"일 수도 있고 "오해"일 수도 있다. 사람과 사람 사이에는 "거리"가 필요하다. 타인과의 적당한 '거리'가 확보될 때, 사람은 자신의 "영역"을 지킬 수 있다.

시적 화자 '나'는 "엄마"를 생각하며 "무심"을 강조한다. '나'에 의하면 생각이나 감정이 없는 상태로서의 '무심'은 "말로는 다 할 수 없는 것"이다. '나'는 말로 표현할 수 없는 진심으로서의 무심을 믿는다. '나'와 '엄마' 사이에서 펼쳐지는 무심은, 사람과 사람 사이에서 펼쳐지는 무심으로 확대되면서, 이 시를 읽는 독자들에게 "말하면 다 사라질 것 같"은 진실을 제공할 것이다.

나는 미끼다
나를 꿰어
숲속에 던져놓는다

홀아비꽃 향기가
언덕에서 톡톡 건드린다
새들도 지저귀며 맴돈다

허나
내가 기다리는 것은
피노키오를 삼킨 고래보다 크고
봉새의 날개도 들어 올릴만한 대어

어디서 사는지

어떻게 생겼는지

아무도 모른다


정처 없이 떠돈다는 소문만 들었을 뿐

고도를 기다리는 그들처럼

무작정 기다리는 거다


나는

매일 유수 속에

나를 던진다

　　　　　　　　—「낚시」 전문


　이 시의 1연을 읽는 일은 독자들에게 낯선 충격으로서
다가설 수 있다. "나는 미끼다/ 나를 꿰어/ 숲속에 던져놓
는다"라는 진술은 우리에게 이중의 충격을 전달한다. 시적
화자 '나'가 낚시 끝에 꿰는 물고기의 먹이로서의 '미끼'가
되는 장면은 첫 번째 충격으로서 작용한다. 또한 미끼의 배
경이 되는 공간이 바다, 호수, 강 등의 '물'이 아닌 "숲속"으
로 변경됨으로써 두 번째 충격이 가해진다.

　전현자가 미끼로서의 '나'를 숲속에 던짐으로써 노리는
효과는 무엇인가? 시인은 독자에게 이전에는 경험할 수 없
었던 인식의 충격을 제공한다. 그녀가 제공하는 파격破格의
스케일은 대단히 거대하다. 그것은 "피노키오를 삼킨 고래
보다 크고/ 붕새의 날개도 들어 올릴만한 대어"일 수 있다.
또한 그것의 성격은 진한 베일 속에 숨어있다. 우리는 "정
처 없이 떠돈다는 소문만 들었을 뿐", 그것이 "어디서 사는

지/ 어떻게 생겼는지/ 아무도 모른다" 다만 우리가 할 수 있는 일은 전현자의 제안처럼 "무작정 기다리는 거다". 미끼의 입장에서 스스로를 던질 수 있는 용기가 있다면 기다림의 자세로 기다려볼 일이다.

> 내가 안다고
> 얼마나 안다고,
> 겨우 육십갑자 살아놓고
> 죽네 사네 떠들어댔으니-
> 내소사 느티나무 앞에서
> 천 년을 살아낸 그림자를 만났지
> 그 그늘은 깊고
> 바람이 몰아쳐도
> 좀처럼 흔들리지 않더라고
> 절로 고개가 숙여졌지
> 그 나무는
> 한자리에 서서 세상의 끝을 지켜봤을 거야
> 웬만한 풍경엔 눈 하나 깜짝 않고,
> 아무 말 없이 제 길을 따라가는 물처럼
> 모진 바람을 견디며 살아왔겠지
> 그쯤은 살아봐야
> 나지막이 말할 수 있는 거지
> 하루를 살고도 깨친 생도 있다지만
> 백 년도 채 살아보지 못한 내가-
> 안다고,
> 얼마나 안다고

세상을

너무 쉽게 말해버렸구나

— 「느티나무 아래에서」 전문


　시인이 시적 화자 '나'를 통해서 이 시에서 이야기하고자
하는 핵심 테마는 '반성'일 수 있다. 반성反省이란 인간이
자신의 언행에 대하여 잘못이나 부족함이 없는지 돌이켜보
는 것을 의미한다.

　'나'의 반성은 "내소사 느티나무"와의 만남에서 비롯된다.
"겨우 육십갑자 살아놓고/ 죽네 사네 떠들어댔"던 '나'는
'내소사 느티나무'의 "천 년을 살아낸 그림자" 앞에서 "절
로 고개가 숙여졌"다. '천 년' 정도는 "살아봐야", "세상"에
대해서 조금은 "안다고" 말할 수 있을 텐데, '나'는 "백 년
도 채 살아보지 못한" 입장에서, 무엇을 "안다고,/ 얼마나
안다고", 오만하게 발언하고 말았다. 요컨대 전현자는 이번
시에서 "모진 바람을 견디며 살아왔"을, "세상의 끝을 지켜
봤을" 느티나무를 제시함으로써, 겸손과 인내의 소중함을
절실하게 피력하고 있다.


밥만이 나를 키운 건 아니었지요

뙤약볕 아래 김을 매던 어머니,

소나무 그늘에 앉아

내가 떠다 준 당원 물,

풀물 밴 손으로 받아 마시던 그날,

당신의 눈길에서

어린 나는 벌써 체념을 읽었습니다

어머니,

우리는 새벽부터 밤까지 일하고

쉬는 날도 직장에 나가는데

날마다 가난해요

먹고사는 일이 왜 이리 힘든가요


하루도 쉬지 못해요

불안은 빚쟁이처럼 문을 두드리고,

곡식을 거둔 들판도 한철은 쉬는데

우린 어찌 이리 쳇바퀴 같은 삶을 사나요?


스스로 목에 줄을 매고

헛배를 채워가며

상사의 눈칫밥을 삼켜요

승진, 월급 올라가는 건 꿈도 못 꾸고

'포기'란 말을 이름표처럼 달고 다녀요


(…)


내 삶을 뒤집을

혁명 하나쯤 일으키고 싶어요


오늘은 오랜만에

쑥부쟁이 핀 공원을 걷습니다

투명한 가을 하늘 아래,

'혁명'이라는 말이

가슴을 말달리게 해요

마른 골짜기에 샘물이 솟듯

너무 기쁜 나머지

스스로에게 묻습니다

-나 이렇게 살아도 되나?

정말 꿈이란 말,

아직 써도 되는 걸까요, 어머니?

— 「말해주세요」 부분

이 시에서 시적 화자 '나'는 긴요한 인물로서의 "어머니" 또는 "당신"에게 지속적으로 이야기한다. '나'의 이야기는 "먹고사는 일"의 어려움과 "쳇바퀴 같은 삶"에 대해서 집중한다. '나'와 '어머니'를 포괄한 "우리"의 생生은 "가난"과 "불안"으로 점철되어 있다. '나'는 유년 시절부터 "체념"과 "포기"에 익숙하고, "일"과 "직장"과 "상사의 눈칫밥" 사이에서 "불나방처럼/ 불빛을 좇는"다.

다행스럽게도 '나'에게는 "허망한 하루"의 연속 또는 "어두운 길"을 끝낼 수 있는 비장祕藏의 무기가 있다. 그것은 바로 "태양"처럼 밝게 빛나는 "혁명"이다. 전현자는 이 시에서 '말'의 특별한 용법에 주목하는 언어의 장인匠人으로서 등장한다. 그녀가 선택한 말들은 '포기'와 '혁명'과 '꿈' 등을 포괄한다. 우리에게는 이제 '포기'를 지우고 '꿈'을 새롭게 써 보는 일이 중요하게 다가올 것이다.

붉게 물들어
내가 진다

온몸으로 살아낸 뒤
남은 것은
얇디얇은 자존심 하나

왕년을 거들먹거려 봐야
초라함만 더해질 테지

내 살갗을 스쳐 가던
부드럽고 달콤한 바람의 입술,
별밤, 멀리서 달려오던 이슬방울들-
잊지 못할 거야

날 빛나게 해주던
여름날의 태양
광인 같은 폭풍도 그립겠지

하루 이틀 늦춘들
뭐 달라질 게 있겠어?
꼭대기에 매달려 바둥대거나,
발길에 채여 바스라지거나

아버지의 아버지,
그 아버지의 아버지가 간 길을

이젠 나도

걸어가는 거야

— 「나뭇잎 노래」 전문

　우리는 앞에서 시 「나의 노래」를 점검한 바 있다. '노래'를 향한 전현자의 열정은 이번에 살필 시 「나뭇잎 노래」에서도 지속된다. 시인이 부르는 노래는 "나뭇잎", "바람", "별밤", "이슬방울들", "태양", "폭풍" 등 자연, 우주와 연결된다.

　이 시의 시적 화자 '나'는 석양처럼 "붉게 물들어", 지고 있다. 힘겨운 삶을 "온몸으로 살아낸 뒤", '나'에게 "남은 것은", "얇디얇은 자존심 하나"이다. 빛나던 "왕년을 거들먹 거려 봐야", 오늘의 "초라함만 더해질" 뿐이다. 인간으로서 태어난 '나'는 조상들이 걸어간 길을 걷게 될 테다. "아버지의 아버지,/ 그 아버지의 아버지가 간 길을/ 이젠 나도/ 걸어가는" 것이다. 우리들 각자에게 주어진 80년, 90년, 100년의 세월을 잘 살았다면 언젠가 다가올 생의 마무리도 차근차근 준비해 볼 일이다. 그런 의미에서 이 시의 제목 "나뭇잎 노래"는 인생이라는 긴 길을 걸어간 사람의 참된 고백이 된다.

산책길에 있었다.

노오란 꽃 아래

뭉개진 개똥.

저 꽃-

누가 거기

던져 놓은 것일까.

난 화두 하나를 안고
산을 내려온다.

똥 속에 꽃이 있다는 말인가,
꽃 속에 똥이 있다는 말인가.

방금 생각하던
나는 어디에 있는가.

어느 시에도 없고
어느 시에도 있는
풀잎에 이슬방울,
그 먼 도道
　　―「화두」 전문

　전현자가 이 시에서 주목하는 주제는 "화두"이다. 화두話
頭는 관심을 두어 중요하게 생각하거나 이야기할 만한 것을
뜻한다. 시적 화자 '나'는 "산"에 올라서 "산책길"을 걷다가
"노오란 꽃 아래 뭉개진 개똥"을 발견한다. 대비되는 속성
을 지닌 '꽃'과 '똥'이라는 두 개의 대상 사이에서 '나'는 '화
두'를 생각하게 된다.
　'나'가 생각하는 화두는 '꽃'과 '똥'의 상호 관계와 무관하
지 않다. "똥 속에 꽃이 있다는 말인가,/ 꽃 속에 똥이 있
다는 말인가."라는 4연의 진술을 우리는 어떻게 이해할 수

있을까? 어쩌면 시인은 '꽃'과 '똥'의 가치를 대등하게 바라보는지도 모른다. 이제 '꽃'은 '똥'이고, '똥'은 '꽃'일 수 있다.

전현자는 6연에서 "어느 시에도 없고/ 어느 시에도 있는"이라는 어구를 제시하는데, 여기에서 독자들은 시詩의 유有와 무無가 서로 공존하고 있음을 깨닫게 된다. 우리는 '꽃'과 '똥'이 하나이듯, '시'의 있음과 없음도 하나라는 인식에 도달할 수 있다. 이와 같은 깨달음 또는 인식의 근원에는 생각하는 존재로서의 '나'가 위치한다. 시인의 제안을 긍정적으로 수용함으로써, 우리는 생각하는 사람이 될 수 있고, 의미심장한 화두를 삶의 현장에서 실천할 수 있을 것이다.


3.

필자는 이 글에서 전현자가 간행한 두 번째 시집의 시 세계를 점검하였다. 이번 시집에서 전개되는 그녀의 시들은 몇 가지 개성적인 면모를 보여준다. 첫째, 시인은 '자연'을 향한 강한 경도를 제시한다. 가령 「좋으면 되었지」, 「느티나무 아래에서」 등의 시편에서 전현자는 "보령 성주산 자락", "편백나무 숲", "대천 바닷가", "내소사 느티나무" 등의 자연과 연결된 사물들을 제공함으로써, '삶'과 '죽음'의 의미를 되새기고 편안함과 좋음으로서의 정서를 표현한다.

둘째, 시인은 '걷기' 또는 '산책'에 열중한다. 가령 「길 4」, 「봄을 걷다」 등의 시편에서 전현자는 자연과 교감하고 소통하는 인물을 제시함으로써, "별천지"에 이르는 과정으로서의 걷기에 몰두한다.

셋째, 시인은 '노래'로서의 '시'를 반복한다. 가령 「나의 노래」, 「나뭇잎 노래」 등의 시편에서 전현자는 '노래'와 연결된 '시'의 가치를 강조함으로써, "한 올 한 올 느슨히 짠 스웨터 같은", 편안하고 친근한 시의 길을 느긋하게 걸어간다. 또한 그녀는 시 「화두」에서 자신이 추구하는 시의 의미를 '꽃'과 '똥' 사이에서, '없음'과 '있음' 사이에서 찾는다.

J.K. 롤링 J.K. Rowling은 산책에 대해서 다음과 같이 언급한 바 있다. "당신에게 아이디어를 제공하는데 밤 산책만큼 좋은 것은 없습니다. Nothing like a nighttime stroll to give you ideas" 우리가 산책에 관한 J.K. 롤링의 견해에 동의할 수 있다면, 우리는 전현자의 시에 내재된 산책의 힘과 가능성을 신뢰할 수 있다. 시인에게 걷기 또는 산책은 시를 위한 빛나는 아이디어의 근원일 테다. 전현자에게 산책할 수 있는 힘이 남아있는 한, 그녀는 시 쓰기를 멈추지 않을 것이고, 독자들의 시 읽기 역시 계속될 것이다.

# 전 현 자

전현자 시인은 충남 서산에서 태어났고, 2012년 계간 『시안』으로 등단했다. 시집으로는 『슬픔을 깎다』가 있고, 『바람이 불어 밖으로 나가봐야겠어』는 전현자 시인의 두 번째 시집이 된다.

전현자 시인의 두 번째 시집인 『바람이 불어 밖으로 나가봐야겠어』는 그의 시에 내재된 산책의 힘과 가능성을 보여준다. 시인에게 걷기 또는 산책은 시를 위한 빛나는 아이디어의 근원인 것이고, 산책할 수 있는 힘이 남아있는 한, 그는 시 쓰기를 멈추지 않을 것이다.

이메일   jahyun822@hanmail.net

전현자 시집

# 바람이 불어 밖으로 나가봐야겠어

| | |
|---|---|
| 발　　행 | 2025년 10월 25일 |
| 지 은 이 | 전현자 |
| 펴 낸 이 | 반송림 |
| 편집디자인 | 반송림 |
| 펴 낸 곳 | 도서출판 지혜, 계간시전문지 애지 |
| 기획위원 | 반경환 |
| 주　　소 | 34624 대전광역시 동구 태전로 57, 2층  도서출판 지혜 |
| 전　　화 | 042-625-1140 |
| 팩　　스 | 042-627-1140 |
| 이 메 일 | eji@ji-hye.com |
| | ejisarang@hanmail.net |
| 애지카페 | cafe.daum.net/ejiliterature |

ISBN　　979-11-5728-590-7　　03810
값　　　　12,000원